CÍRCULO *Luna Parque*
DE POEMAS *Fósforo*

rio pequeno

floresta

9   bic
10 a forma do verbo
11 a forma do verbo [II]
12 a forma do verbo [III]
13 sincretizado
14 circular ancestral
15 dona rosa
17 leitoras
18 causa impossível
19 emaranhado
21 depois de muito
22 meu irmão merece ser feliz
23 janeiro
24 rua das palmeiras
25 dominus dei
26 leme
27 lastro
28 nascente
29 recaída
30 interstício
31 o animal cordial
33 pedra de amolar
34 porções
35 ano passado não voltaremos
36 bons dentes
37 hálito
38 em boca aberta não entra mosca
39 cavidades, ou futuro do pretérito

40 miúdos
41 filho de peixe
42 meteorologia
43 alagado
46 círculos concêntricos
48 pedestre
49 horário comercial
50 centauro
51 cano curto
52 cobra-cega
53 daqui eu vejo
54 solucionar problemas
55 perspectiva
56 pandora
57 ferro
58 [*minha língua dobra*]
59 um poema que nunca aconteceu mas poderia
60 corra
61 cacos caos cacos caos
63 zona autônoma temporária
64 roda da fortuna
66 categoria
67 7 encruzilhadas
68 transformação
69 olfato
70 aquecimento
71 morada
72 + 1

à memória perfeita das águas

bic

foi com medo nos olhos
foi assim que eles me olharam
com medo e saliva espumando
nos cantos da boca
com medo e sangue nos olhos

com desconfiança
descrédito
descrença
foi assim que eles me olharam
curiosos
famintos
pela cor do meu sangue
sedentos também
por meus olhos que piscavam
porque eles não
enquanto me olhavam

foi com medo nos olhos
que desacreditaram
quando me viram
aqueles olhos
de caneta na mão

a forma do verbo

que me nomeia
a forma
a forma do verbo
que me nomeia
a forma
em terceira pessoa
não primeira
nem segunda
mas terceira
a forma do verbo que me nomeia
é maligna
a forma do verbo
que me nomeia
é assassina
a forma do verbo
em terceira pessoa
que me coloca enquanto
outra forma
que me pinta como outra

a forma do verbo [II]

que me nomeia
é pálida
comportada
compatriota
tácita
a forma do verbo
que me nomeia
é cálida
conforta quem não sou eu
a forma do verbo
que me nomeia
também me basta
prensada num tempo
que não é meu

a forma do verbo [III]

que me nomeia
está
no alho espremido do feijão
da minha mãe
a forma do verbo
que me nomeia
estava
no arroz da minha vó
estava
a forma do verbo
na falta ou no excesso d'água
dentro de casa
na falta de luz
na internet falha
a forma do verbo
que me nomeia
veio muito cedo
antes de mim até
e virá depois
se depender daqueles outros
que ditam
suas vernáculas

sincretizado

nasci não do barro bíblico
mas dos interiores cansados da mãe
berrando ao mundo
tudo é meu nada é meu
fui batizado na igreja de são patrício
em católicas águas bentas
com padrinho madrinha
o padre joão de túnica
e roupinha de babado

pela segunda vez eu nasci
finalmente descolado de deus
homem branco suspeito
perambulando pelas esquinas do mundo
deus me viu
berrando fundo mais uma vez
tudo é meu nada é meu
e de cabeça no lugar
como oxalá jovem ganhei ori
virei ajagunã guerreiro forte

foi quando aprendi a enganar a morte
todas elas
que os outros
aqueles outros
escreveram pra mim

.

circular ancestral

eu pari rosa maria
ela pariu expedita
que me pariu no dia
12 de dezembro de 1988
nas águas de alagoas
rosa maria pariu edite
sem certidão de nascimento

em mim sobreviveram
as canelas grossas
o conhecimento

dona rosa

eu sou a minha vó
mesmo aqui escrevendo
que ela em grande parte da vida
não sabia ler nem escrever como os outros
embora fosse dada a outras leituras

eu sou a minha vó
que calejou mão
trabalhando na roça
cansou de passar fome e sei lá mais o quê
ao lado do marido
largou o homem
e veio pra são paulo
com três filhos nas costas

eu sou dona rosa
que sabia de cor todas as folhas do quintal
e da rua também
de onde arrancava suas mudas
no caminho de volta da escola
quando ia me buscar às vezes

fazia remédios com elas
me bendizia
me curava
amarrava fita vermelha no meu pulso
enquanto ambos os dela
eram quebrados e doíam em dias frios
quando se ocupava em lavar a própria roupa
e também a dos outros

não sei em quantas casas trabalhou
antes de se aposentar
e passar as tardes costurando
observando por cima dos óculos
contando histórias de causos fantásticos
que aqui não têm lugar
porque nossos olhos e ouvidos
já não funcionam
no caos da cidade grande

dona rosa me ensinou a fazer cuscuz e a comer
ovos
peixe e
frango
no café da manhã
pois sempre diária árdua depois das seis
e tempo nenhum pra almoçar

leitoras

pós-trabalho embora
só quisesse mesmo era estender as costas
a mãe me ensinou a ler com um gibi
e tanto leu que decorei os balões de fala
antes que o livreto desistisse da capa
que parou não sei onde foi

também não sei até que ponto seria possível
este poema pra minha mãe
se ela não tivesse lido tanto aquele gibi
onde é que eu estaria agora?

causa impossível

na herança da serventia
nasci supostamente menina
com dois quilos e meio
todo mirradinho e cabeludo
chorei muito quando vim ao mundo
diz minha mãe
que fez questão de não chorar
as próprias lágrimas
nem de dormir direito
nos anos subsequentes

pra que eu tivesse escolha
expedita maria de souza
conservou meu cordão umbilical
e arrebentou minhas correntes

emaranhado

passei metade da vida
tentando soltar os nós
dos cabelos sem vitória
arrancava fio a fio
na frente do espelho
uma imagem que me respondia
em lágrimas

eu queria
eu queria que meus cabelos
corressem ou
caíssem da cabeça
uma moleira lisa
como o topo do meu avô
um dia respondeu ao tempo

metade da vida
tentando soltar os nós errados
quando era o peito
que vivia amarrado
preso num nó cego
e não fui eu quem deu

mas todo nó tem um segredo
não tem?
a parte que solta primeiro
a volta por cima
por baixo
não tem?

todo nó um dia responde
ao tempo como o topo
do meu avô respondeu

depois de muito

meu pai saiu de casa
eu não tinha nem nascido
meu pai saiu porque
a um homem como ele
não é permitido ficar
eles não têm lugar no mundo
vim saber depois de muito
e minha mãe queria
eu também gostaria
se tivesse vontade ali
naquela barriga
uma vontade maior
que espreguiçar
e me alimentar
das substâncias que eram
minha mãe
e seu desejo de que ele ficasse

penso se meu pai
um dia não quis voltar
penso se meu pai um dia
não quis ter seu lugar
no mundo
que ele não teve

meu irmão merece ser feliz

eu nunca mais vi meu irmão
ele correu
eu fiquei do outro lado do portão

se eu fosse menino
pretinho retinto
se eu fosse menino
e quisesse um tênis
se eu fosse menino
e assim de repente
não tivesse esse tênis
se me parassem toda hora
na esquina de casa
de repente
e eu levasse uns tapa da PM
sem treta
sem tênis

se eu fosse meu irmão
sei lá, de repente
você me veria menos gente?

ele tem nome de profeta
aconteceu de eu ser poeta
ele correu
eu fiquei do outro lado do portão
meu irmão
eu nunca mais vi meu irmão

janeiro

em você eu não vejo
meus medos em contínuo
mas um espaço aberto
de vento e movimento

pensar em você é
automaticamente
ter saudades
daquilo que não vivemos
ainda
com essa distância
que às vezes aproxima

porque eu me vejo
em você sem medo
dizendo
irmão, eu me encontrei
com os lábios mexendo
ao longe
sem dizer palavra

lembro da gente na ponta
daquela praia
nós ali sem dizer nada
dividindo futuros distantes
sem medo

rua das palmeiras

para c.

passa o instante
o barulho das festas
como é bom estar em festa
com você
as cores dos carros passam
o brilho nos capôs
as letras, os números nas placas
memorizei a última
por um segundo esqueci
como a cidade é fria

dominus dei

incontáveis dias com você
ao lado contando passos
que já andamos
ou esquecemos de planejar
aos domingos

digo
esta dor que eu sinto
como uma sede queimando
no fundo da garganta
não é você
nem eu

às vezes me olho no espelho
dizendo o nome em voz
alta pra não esquecer
a última nota
que me faz dobrar a língua
pra não esquecer
que tenho nome
e que esta dor que eu sinto
como uma fome na boca
do estômago
nunca foi sua
nem minha

eu digo
a passos curtos
ou largos
também são seus
os meus domingos

leme

aprendi ontem mesmo
a amar direito
antes eu não sabia o que era
isto ou aquilo
um buraco na parede ou
uma dor no peito
não sabia separar
nem me reconhecer no escopo
daquele horizonte recortado
contra a minha luz própria

eu não merecia esse horizonte
mas ontem mesmo aprendi
a amar direito

era domingo

lastro

estamos aqui
depois de muito tempo
séculos apartaram nossos pés
que deixaram de compartilhar
calor em dias frios
depois de muito tempo ainda
um corpo guarda a memória
imperfeita e física
de outro corpo
uma memória não imaginária
como dizem os outros
que em mim não habitam
nem habitariam
pela ausência de paridade
que os nossos pés
eles sim
sustentam

nascente

ontem minha boca morreu de sede
sem a sua saliva
minha língua murchou
as papilas gustativas
o céu seco da boca
as mucosas desidratadas
das bochechas
fundo e laterais
as gengivas duras e rígidas ao toque
meus dentes viraram pó
os lábios não poderiam mais sorrir
ou romperiam

recaída

as músicas que cantam
aquilo que eu quero ouvir
cantam sozinhas nos fones
de ouvido as letras
de cor e salteado
eu já superei
certeza
até começar a cantar junto
em voz alta
as cordas vocais tremendo
de fome
de sede
uma saudade seca
na garganta

interstício

complexo de vira-lata
eu não gosto de você
vou chutar seu balde

o animal cordial

eu sou o animal cordial
não ataco tornozelos
não mastigo canelas
nem meto o focinho
faço direitinho onde me dizem
pra mijar
pra cagar
cuspo direitinho também
onde me dizem pra ter medo
tenho
mas cuspo
onde me dizem pra ter medo

eu sou o animal cordial
não mostro os dentes em público
não coço os pelos
não limpo o cu
nem cutuco os ouvidos
meus orifícios tão limpos
tão imaculados
tão sinceros os meus orifícios
em sua privacidade

eu sou o animal cordial
meu nome ninguém diz
porque não tenho um
se faço minhas necessidades
com cordialidade
e por baixo dos panos

devia ter
mas eu sou o animal cordial
que faz você se sentir
mais humano

olha pra mim
olha bem pra mim
eu não mordo

pedra de amolar

amolar muito bem as facas
uma a uma na pedra
afiar a lâmina da minha língua
como quem vai pra guerra

porções

mastigar 32 vezes
é a ficção visionária
de quem tem fome

ano passado não voltaremos

os nós dos dedos resistiram
ao desespero daquela parede
os punhos cerrados
na porta do armário
a minha sede por respostas
porque eu
logo eu
não pude andar com os dentes à mostra

crianças brincando no parquinho
às 3 da tarde na escola integral
os sorrisos pendurados
de orelha a orelha
eu de volta no meu quintal
cimento cru nos pés de sola fina
era frio o chão
o piso de cimento cru
minha sina
minhas rugas precoces
as costas doloridas sob o peso
da dúvida sem resposta
porque eu
logo eu
não pude andar com os dentes à mostra

bons dentes

para n.

arrancar os dentes um a um
pois não me servem mais
de que servem os dentes
eu me pergunto
não me esqueço
de que servem a quem
não é permitido andar
com dentes à mostra

hálito

o som do meu bocejo
eles nunca vão entender
o som da minha boca
desperta depois
de uma boa noite de sono

eles não dormem como eu

em boca aberta não entra mosca

tampe bem os ouvidos
diga sim
mesmo que o *não* siga preso
entalado
atochado
na membrana mucosa que é
uma garganta cheia de cílios
que não servem pra dormir
apenas se dobram
diante de tantas negativas
encalacradas
presas aos cílios
que não dormem
mas se dobram
a cada engolir
em seco

a garganta
qualquer uma
necessita de umidade

cavidades, ou futuro do pretérito

um tempo em que nariz
e boca de quem respira
representariam perigos
invisíveis
insondáveis

todo nariz e boca
sem exceção
àquela velha regra

miúdos

um corpo humano não sabe
transitar num corpo d'água
não tem braços
pernas
pulmões pra tanto
um órgão tão rico em nutrientes
não presta pra respirar
embaixo d'água
quem diria

filho de peixe

os peixes respiram pelas guelras
queria ser como os peixes
sorver o ar pelas laterais
em tangentes pulmonares
e certeiras

meu ar talvez não
acabaria

meteorologia

ontem choveu feito o cão num país sem nome
eu não tinha guarda-chuva

alagado

a memória das águas
invadiu ontem minha casa
com este medo até de chuva rala
e inunda
ainda inunda
2 metros d'água

naquele dia molhou as canelas
apenas
salvei meus livros
no chão do quarto
ou que dentro da cabeça
conservaram intactas
suas páginas

enchente é como eles chamam
eu digo é medo
até de chuva rala
que mesmo hoje
me gasta

o córrego do jaguaré
não dava pé
nem dentro de casa
e ainda hoje quando chove
corro a fechar janelas

a memória
não me falha

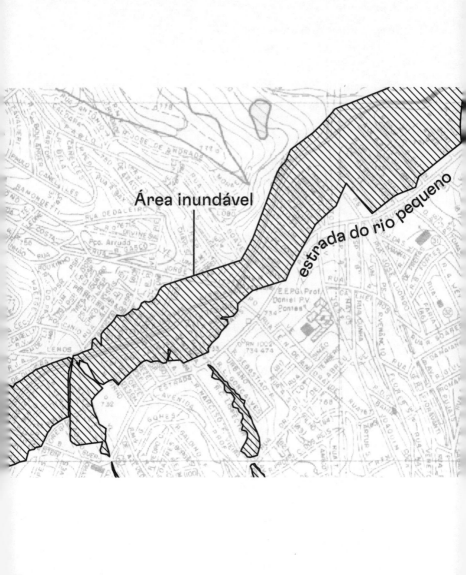

círculos concêntricos

estive ali imóvel um alvo óbvio
um grito preso na garganta ou
o respiro aliviado
da mãe de volta a casa
meio sã meio a salvo
do trabalho

ali imóvel um alvo óbvio
meus olhos cravados numa parede
branca manchada de tempo
eu não me lembro
não testemunhei a construção
daquela parede
nem posso imaginar o que
guardaria por dentro

um alvo óbvio demais
pra ser abatido brevemente
a minha testa primeiro
não, eu me lembro
daquelas mãos cravadas
no meu peito
o sangue na altura dos punhos
vermelhos
fechados ao redor
de um coração aos pulos
que então deixou de ser meu

um alvo óbvio demais
como os tijolos milimetricamente
cimentados
daquela parede
que um dia prendeu
meus olhos imóveis

hoje eles dançam

pedestre

meu coração ao meio
na linha imaginária
que cortava a rua
quem é que pode a olho nu
delimitar o meio
meu coração sim
ali aberto
sangrando exposto
na faixa

meu coração sim
eu dizia a ele
não tenha medo
eu disse
não tenha

outros também já sangraram assim
de graça
alguns até sobreviveram

horário comercial

ontem explodi
em milhões de pedaços
a calçada um caos vermelho
pés passaram por cima
pés hesitaram pisar
naqueles restos
informes
descalços

passada a hora
de bater o ponto
ninguém mais quis saber
de mim

centauro

era uma vez os outros
que apontavam
dedos acusatórios
espinhos e esporas
que me rasgavam
o flanco
cavalgavam
me prendiam em baias
imundas
até hoje me lembro
o cheiro de mofo
os fungos e sua sobrevida
nas fendas
meus cascos
não sabiam escalar
muros tão altos

cronos não me concedeu virtudes
tampouco a herança
de habitar suas entranhas

ainda bem

cano curto

há neste mundo pessoas
que nunca pegaram
numa arma de fogo
como eu
num sonho antigo
mirava pra cima
o dedo firme no gatilho
pensava: diga
e a bala rompia
a placa da minha infância
uma rua sem saída
que enchia com as cheias dos rios
a minha infância

1042 quilômetros
por hora aquela bala
poderia ter me tirado dali
certeira
mas não teve jeito
sem crença na ficção
das armas de fogo
aprendi a respirar
como os peixes
me restava ainda
ver direito
embaixo d'água

cobra-cega

obcecados pelas formas perfeitas
eles não suportam a visão sinuosa
da curva de um rio

daqui eu vejo

eles são mentiras
que me forçaram
acreditar

solucionar problemas

daqui
eu não te ouço

perspectiva

eu não mordo
mas ouço o que eles diriam
se eu não estivesse aqui

exu me inunda os ouvidos

pandora

hoje olhei num espelho pequeno
daqueles de moldura laranja
minha buceta por fora
imaginando seu interior
vermelho
profundamente milagroso
quantas crianças pariu
eu medi
quantos centímetros já lhe doeram
por dentro
por fora
quantos países recuaram
nestas guerras que travamos
dia a dia
quantas granadas
explosões
quantos efeitos especiais
colaterais
obscuros

e minha buceta ali quieta
em seu silêncio de pelos
profundo
minha buceta ali muda
planejando futuros

ferro

ontem eu fui lá
e cortei o meu pau fora
escolhi bem a faca na cozinha
entre a de carne
e a de legumes
elegi a primeira por temática
prática
dialética
estética ou
paridade
não sei
mas ontem fui lá
e cortei o meu pau fora
em sete partes

dele só me sobrou a imponência do falo
exu que o diga

minha língua dobra como os sinos da igreja no meio da rua em que nasci supostamente menina entendam eu nunca fui minha mãe me deu um nome em homenagem a uma mulher que sabia dizer não mais tarde eu também aprendi vocês correm de mim porque o que eu sou não tem remédio eu falo sério quando digo vocês correm de mim se não os pés os olhos correm nas laterais do meu corpo ou correm de cima a baixo meu desconforto os peitos soltos na camiseta já não aguentam mais tanta vigília querem liberdade como eu entenda eu nunca fui mulher meus peitos não dizem nada sobre minha buceta fala o tempo todo e também não diz nada sobre quem eu sou nem diz como minhas pernas devem se portar abertas ou fechadas tanto faz desde que eu saiba dizer sim ou não meu corpo sabe onde vai e onde permanecer meu corpo também aprendeu a dizer sim ou negar o sufixo do meu nome que não diz nada sobre mim só daquilo que aprendi meu corpo sabe onde vai e eu também

um poema que nunca aconteceu mas poderia

minha cabeça como
a de joão batista na bandeja
salomé comeu
lambeu os beiços
depois de cruzar os talheres
e antes de limpar meu sangue
no guardanapo bordado
uma honra pra mim
ter os miolos devorados
por uma princesa
supostamente branca e consorte
porque foram todas
pintadas assim

salomé
que oscar wilde
aquela bicha
fez de louca
foi uma sábia
eu nunca fui profeta

corra

um corte preciso de bisturi
meu escalpo de lado
afiadas as pontas
revelariam no interior
vermelho
pulsante
infinitamente profundo
um ori liquefeito
em águas salgadas
que só podiam dar ali mesmo
na areia

o ori
é um mundo
procure saber

cacos caos cacos caos

hoje é terça
e talvez por isso hoje
ouvi um ruído
faz tempo que não acontece
com você já?

talvez por ser terça
ou porque macunaíma
lascou a perna não sei onde
e anda mancando esses dias

um ruído
será que ele ouviu o mesmo som que eu
e foi dar com a coxa num caco de vidro
ferro pontiagudo
arame farpado desses
que as pessoas usam
pra proteger patrimônios

a mim mesmo
que tenho ruído
não chegou patrimônio
meu sobrenome não deu no bicho
na loto não deu
nem matou acres
da minha gente no canavial
pra tanto
não me sobrou herança então
um ruído apenas

duas mordidas de pernilongos aparentemente
[inofensivos no ponto de ônibus
uma gata chamada tereza batista cansada de guerra
um aluguel interminável pra pagar
muitas horas obrigatórias a cumprir
e um gato manco por hora

mas amanhã quem sabe?

zona autônoma temporária

desobediência civil
é não estar agora
onde eles queriam

roda da fortuna

diz que as parcas
ditam o destino dos homens
nem por zeus são contestadas
as parcas
que fiam o destino dos homens
numa roda

os homens
determinam o destino de outros
à revelia das parcas
nem por zeus
esses homens choram
suas perdas em lagos
que refletem em imagem
e semelhança traços
de sangue alimentando a fome
voraz dos peixes
que são outros homens

eu me fio na sabedoria
das parcas
embora as chame por outro nome
e me pergunto
que tenho eu a ver com zeus
com o destino dos homens?

eu choro minhas perdas
eles não têm nada a perder
e aparentemente

sempre haverá
outro lago sempre haverá
a não ser que as senhoras
decidam romper
aquele fio ali

categoria

eles nunca mentiram pra mim
não diretamente pelo menos
não me olhando nos olhos
sem coragem pra tanto
viram a cara quando percebem
que eu não sou um igual
sem demora eu vejo
um esgar no canto da boca
aberta cheia de dentes
imaculadamente afiados
em suas mentiras
que não eram pra mim
pois eles nunca mentiriam
diretamente

eles não conhecem a fuligem
da fornada que me pariu
gente da minha laia não precisa
das mentiras que eles contam
pra saber que não somos
nem deveríamos estar
que não fazemos parte dos planos
gente da minha laia sabe muito bem
quem é

eles mentem muito mal

7 encruzilhadas

a mãe me ensinou cedo
a olhar direita-esquerda
antes de atravessar a rua
mais tarde fui ensinado
a cruzar encruzilhadas
virar esquinas
com cuidado
não por medo de encontrar
uma besta mitológica de três cabeças
adentrar o inferno de cerberus
como são vistos os meninos do bairro
de capuz levantado ou não
como é visto o meu irmão
pelos olhos dos falsos herdeiros
da terra
mas porque tem muito exu
morando ali
também fui ensinado
a pedir licença
e atentar pros catiços
que de mato não precisam
pra se esconder
nem capuz
ou esquinas

um sobrenome basta

transformação

para b.

o mundo aí pegando fogo
e eles lá deslembrando
a potência dos elementos

olfato

eu disse
eu não mordo
mas cuidado
daqui eu sinto o cheiro
do seu medo

aquecimento

hoje pelo almoço
dancei sozinho
letras antigas de funks
da primeira década
dos anos dois mil
quando eu ainda era
alguém na boca
de outro fogão a gás
quando eu ainda era alguém
na primeira década
no chão de uma cozinha
com azulejos pela metade
mais uma cozinha
que minha mesmo
não era
eu nunca tive propriedade
mas um dia aprendo a dançar
de braços abertos

na terceira década
dos anos dois mil
quem sabe

morada

gente como eu passa a vida
andando em labirintos
tentando uma saída
ou pelo menos decodificar
caminhos

têm ladeira esses labirintos
subidas enormes
descidas abismais
quedas e desvios de rota

mas quem sempre anda em linha reta
se destina a quê?
eu pelo mais pelo menos
tenho minhas encruzilhadas

+ *1*

na esperança de não ter essa
de quem come primeiro
laroiê trabalha árduo
laroiê é incansável
eles não são

Copyright © 2022 Floresta

Todos os direitos reservados. Nenhuma parte desta obra pode ser reproduzida, arquivada ou transmitida de nenhuma forma ou por nenhum meio sem a permissão expressa e por escrito da Editora Fósforo e da Luna Parque Edições.

EQUIPE DE PRODUÇÃO
Ana Luiza Greco, Fernanda Diamant, Julia Monteiro, Leonardo Gandolfi, Mariana Correia Santos, Marília Garcia, Rita Mattar, Zilmara Pimentel
REVISÃO Eduardo Russo
PROJETO GRÁFICO Alles Blau
EDITORAÇÃO ELETRÔNICA Página Viva
FONTE DOS MAPAS DAS PP. 44-5 GeoSampa Mapas
INFOGRAFIA Gustavo Queirolo

A marca FSC® é a garantia de que a madeira utilizada na fabricação do papel deste livro provém de florestas gerenciadas de maneira ambientalmente correta, socialmente justa e economicamente viável e de outras fontes de origem controlada.

Dados Internacionais de Catalogação na Publicação (CIP)
(Câmara Brasileira do Livro, SP, Brasil)

Floresta
Rio pequeno / por Floresta. — São Paulo : Círculo de
poemas, 2022.

ISBN: 978-65-84574-06-9

1. Poesia brasileira I. Título.

22-110188 CDD — B869.1

Índice para catálogo sistemático:
1. Poesia : Literatura brasileira   B869.1

Eliete Marques da Silva — Bibliotecária — CRB-8/9380

CÍRCULO *Luna Parque*
DE POEMAS *Fósforo*

circulodepoemas.com.br
lunaparque.com.br
fosforoeditora.com.br

Editora Fósforo
Rua 24 de Maio, 270/276, 10º andar
01041-001 - São Paulo/SP — Brasil

CÍRCULO *Luna Parque*
DE POEMAS *Fósforo*

Este livro foi composto em GT Alpina e
GT Flexa e impresso pela gráfica Ipsis
em junho de 2022. Poder ser como os
peixes que respiram pelas guelras:
o ar não acaba debaixo d'água, nem
no alagado ou no rio pequeno.